Verrückte Tierliebe

Tiergedichte für alle Generationen

Vera Hewener

Gibt es Tigerfanten? Liebt der Hahn den Pelikan? Wie kam das Nilpferd zu seinem Namen? Tiere sind des Menschen Weggenossen. Bei genauerem Hinsehen findet sich das Allzumenschliche auch im Tierreich oder ist es umgekehrt? Das Buch versammelt neueste und ausgesuchte Tiergedichte aus dem Werk von Vera Hewener für Kinder und Erwachsene.

Vera Hewener, Dipl.-Sozialarbeiterin, Jahrgang 1955, lebt als freie Schriftstellerin in Püttlingen, mehrfach ausgezeichnet, u.a. vom Centro Europeo di Cultura Rom (I) Superpremio Mondo Culturale, 2002; 1. Preis Deutsche Sprache CEPAL Thionville (F) 2004, Trophäe Goethe 2007, Trophäe Mörike 2015, Wilhelm Busch Preis 2017.

Pressesplitter

„Mit Augenzwinkern legte sie das Allzumenschliche des Tierlebens offen wie das Liebesleid eines Hahnes, die Fressgier, den Jagdtrieb oder die natürliche Hackordnung." www.hallo.bock.de abgerufen am 04.10.2011. „...um ihren Zuhörern nachdenklich machende Tierreich-Episoden aus dem Sprenger Forst und dem Saarkohlenwald bei Püttlingen nahezubringen... Von Bachen und Frischlingen, Wölfinnen, streunenden Katern und wilden Hunden ist die Rede, von Wespen, Faltern, Hummeln und anderen Insekten, die sich am „Bacchusbecher der Blüten" satt trinken. ...Das Fazit der Veranstaltung könnte lauten: „Man muss nicht weit reisen, um Außerordentliches zu erleben." Walter Faas, Saarbrücker Zeitung, 19.09.11. „Offensichtlich steckt auch ein Schalk in Hewener." Anja Kernig, SZ 07.12.17.

Verrückte Tierliebe

Tiergedichte für alle Generationen

Vera Hewener

Die Deutsche Bibliothek verzeichnet diese Publikation in der Deutschen Nationalbibliografie; detaillierte bibliografische Daten sind im Internet unter www.http://dnb.dnb.de abrufbar.

Titelgestaltung unter Verwendung einer Fotografie der CCO Creative Commens von www.Pixabay.de

Herstellung und Verlag:
BoD - Books on Demand,
Norderstedt

Printed in Germany
1. Auflage 2022
ISBN 9783754359860
9,90 EURO

Inhalt

Zum Geleit

Verrückte Tierliebe

Ein Gnu liebte ein Känguru
ein Affe eine Giraffe
die Laus liebte die Fledermaus
die Viper den Wiesenpieper

der Luchs liebte den Steppenfuchs
die Gazelle die Heckenbraunelle
der Hahn liebte den Pelikan
der Löwe die Heringsmöwe

der Star liebte das Dromedar
die Bremse die Alpengämse
der Hecht liebte den schwarzen Specht
ein Chinchilla einen Gorilla

der Floh liebte den Bonobo
der Fasan einen Pelikan
der Aal liebte den Bartenwal
die Fliege eine Bergziege

die Kuh liebte ein Karibu
die Schleie eine Rohrweihe
ein Lama den Ara
die Schnecke die Schrecke
die Forelle die Heidelibelle

Elefant und Känguru

Wildtiere

Elefant und Känguru

Elefant und Känguru
standen wartend an den Gleisen
wollten einmal gern verreisen
nach dem fernen Timbiktu.

Als sie endlich angekommen
jagten sie die Großwildjäger,
Läufer, Fahrer und die Träger
folgten, dass sie nicht entkommen.

Flugs sprang fort das Känguru,
doch das Elefantenkleine
hatte leider kurze Beine,
ungeeignet für Rennschuh.

Känguru die Not erkannte
und die Jäger nicht mehr weit,
Reisefreund tat ihm so leid,
es zurück zum Jungtier rannte.

Faltete den Beutel aus,
packte seinen Artgenossen
in die Schürze unverdrossen,
spurtete ins Land hinaus.

Lief hinaus in die Sahara,
landete im roten Sand.
Dort kein Jäger sie mehr fand,
weil es denen dort zu warm war.

In der Oase Adiri
suchten sie 'ne Wasserstelle,
tranken hurtig von der Quelle,
badeten von Kopf bis Knie.

Als zu Kräften sie gekommen
kreiste eine Berberschar
um das fremde Freundespaar,
hießen sie sogleich willkommen.

Bei den Tuareg sie blieben.
Mit den Fernwirtschaftsnomaden
reisen sie jetzt, Zelt beladen,
weil die Menschen sie dort lieben.

Badespass

Elefanten sind Trabanten,
ziehn durchs wüste Ödeland,
suchen an geheimen Stellen
nach gefüllten Wasserquellen,

wo die kleinen Elefanten
tollen mit den jüngsten Tanten,
Onkels, Opas und die Väter
duschen sich dann später.

Lappalien

Die Rappen der Lappen
erlitten beim Rennen nur Schlappen,
weil die Kappen der Lappen

auf die Köpfe der Rappen schwappten
und alle Sicht auf die Rennbahn kappten.

Jetzt üben die Lappen
erst mit Attrappen,
sonst müssten sie Strafgeld berappen!

Ein Raubtier namens Tigerfant

Ein wundersamer Elefant
ging einem Tiger einst zur Hand,
als diesen, nach den Beutejagden,
Zahnschmerzen arg bis heftigst plagten.
Dies sah der Boss der Elefanten
mit all den vielen Anverwandten,
als sie im Tal der Jagdgesellen
badeten in feuchten Quellen.

„Ich will dir helfen", sagte er,
„wenn du fern hälst den Raubverkehr
von uns'rer Elefantenherde,
damit zwischen uns Frieden werde.
Doch wenn du einen Riss anführst,
du alle Zähne prompt verlierst.
Drum denk dran, dass bei einer List
für lange Zeit du zahnlos bist."

Der Tiger dachte, ganz egal,
was er auch will, für diese Qual
verkauf ich meine Raubtierseele.
„Dein Friedensangebot ich wähle."
Der Elefant band um den Zahn
Lianen fest und zog daran.
Schnell war vorbei die Quälerei,
der Tiger von den Schmerzen frei.

„Ah", brüllte er, „'s ist wieder gut."
Er fasste gleich mit Räubermut
den Vorsatz, Jagen aufzugeben,
denn zahnlos wollte er nicht leben.
Er überlegte, was zu machen,
um das Versprechen wahrzumachen.
Doch Hunger war, ganz ohne Lüge,
der Grund für alle Beutezüge.

Bald sehnte er sich nach dem Bissen
von seines Rudels Beuterissen.
Leis schlichen sie sich nah heran,
das Jüngste sie nicht hören kann,
umringten schnell das kleine Tier
ganz gnadenlos und voller Gier.
Da lief der Zahnarzt-Elefant
vors Jungtier und ein Kampf entbrannt.

Mit Stampfen und mit Rüsselschlägen
ging er den Katzen an die Krägen.
Die Meute floh. Darauf in Wochen
fanden sie nur noch Resteknochen.
Besser als nichts, dachte der Tiger,
schlug seine Zähne immer wieder
in das Skelett, doch welch ein Schreck,
es bröckelte sein Zahnbesteck!

Mit jedem Biss verlor er Zähne,
zurück blieben nur Wurzelspäne.
Sie taugten nur noch für das Reiben
von Stielen, Blättern, Ästescheiben.
Seither lebte er streng vegan,
schloss sich den Elefanten an.
Gnade vor Recht ließen sie walten
wenn er die Wache würde halten.

Jetzt pilgert er im Land umher,
tut Buße im Dickhäuterheer,
reißt von den Sträuchern alle Blätter,
hofft auf Vergebung seiner Retter,
dass wieder Zähne er erhält,
zurückkann in die Tigerwelt.
Bis dahin geistert durch das Land
ein Raubtier namens Tigerfant.

Ein Känguru aus Ingolstadt

Ein Känguru aus Ingolstadt
stand plötzlich auf dem Titelblatt.
Der Bauernhof war ihm zu klein,
es wollte gern Weltbürger sein.

Die hohen Zäune übersprang
das Tier für einen Stadtrundgang.
Da folgte ihm die Stadttierschar,
weil man allein so einsam war.

Es pilgerte die bunte Schau
durch Niederbayern bis Landau.
Im Weg war eine Autobahn,
ein Übergang nicht auf dem Plan.

Das Känguru ordnungsgerecht
die Pfote streckte ins Geflecht.
Kein Auto hielt, sie rasten weiter.
Der Wagemut erfasst die Streiter.

Das Känguru mit einem Satz
nahm mitten auf der Fahrbahn Platz.
Beim zweiten Sprung war es zu spät,
geriet unter ein Fahrgerät.

Ein Bein zerbrochen, welch ein Schreck.
Die Tierfreunde trugen es weg
zum Tierarzt hin in aller Frühe.
Dieser gab sich alle Mühe.

Das Känguru schloss seine Augen,
die Welt konnte ihm nicht mehr taugen.
Nun hängt an allen Autobahnen
sein Bild und soll die Raser mahnen.

Wie das Nilpferd zu seinem Namen kam

Den Nil zertrampelte ein Pferd,
das Wasser war ihm nichts mehr wert,
es hatte seine Frau verschlungen,
als sie ein Liebeslied gesungen.

Dem schwarzen Fluss sollte sie weichen,
er floss gern in den Nil den bleichen.
Dort lauerten die Krokodile,
die Polizisten aller Nile.

Die fanden den Gesang zu schwer,
schwammen der Dame hinterher.
Am Katarakt des Altbara
ein Unglück am Felsblock geschah.

Die Primadonna wollt nicht weichen,
dem schwarzen Nil nicht, nicht dem bleichen.
Da schlug das Wasser hohe Wellen
und riss sie fort mit Stromesschnellen.

Die Krokodile standen still,
das Flusspferd tobte laut und schrill,
trauerte um die Frau so sehr,
strampelte wild im Nil umher,
hampelte, suchte wie gebannt.
Da hat man es Nilpferd genannt.

Nilschwemme

Der Nil führt keinen Priel,
das wär ihm viel zu viel,
er rauscht schon kilometerweit
und macht sich in Ägypten breit,
für Flusspferde sind außerdem
die kleinen Priele unbequem.

Doch flieht einmal ein Landwurm
aus Angst vor einem Sandsturm
in seine Böschung unbedacht,
weil das ihn unangreifbar macht,
dann überschwemmt der Nil
mit seinem Wellenspiel
die Uferzonen mit Gebraus,
dass schwimmen lernt die Wüstenmaus.

Und führt der Nil den großen Priel
wird er auch Flusspferds Ziel.

Ein Krokodil im Nil hat Stil

trägt feines Leder stets subtil
will man es ihm entringen
muss man ins Wasser springen

dem Krokodil hat dies gestunken
weshalb schon viele dort ertrunken

Die Pudeldame Edeltraut

Haus- und Nutztiere

Die Pudeldame Edeltraut

Die Pudeldame Edeltraut
war edel wie der Name.
Sie warb als holde Lockenbraut,
machte Hundereklame.

Täglich gekämmt und rausgeputzt
mit Schleifchen und mit Leibchen,
streckt sie das Pfötchen hin zum Gruß
den Kunden, Rüden, Weibchen.

Als Attraktion der Hundeschau
strahlte sie von Plakaten,
der Lockenkopf, apart in Blau,
gefiel den Zuchtmagnaten.

Am Tag der großen Attraktion
stolzierte sie verherrlicht
über das große Podium
in einem kleinen Kreis herum,
vergaß die Schaustellerlektion,
lachte mit einem Herrn nicht.

Das war fatal, denn dieser
war ein Magnat, ein Spießer,
stand gern im Blitzgewitterschein
und wollte angehimmelt sein.

„Aus welchem schlechten Rudel
stammt dieser dumme Pudel?"
wetterte dieser voller Schmach,
bestürzt und voller Ungemach.
„Wer mich nicht respektiert,
das Podium verliert!"

Die Dame Edeltraute
sich die Karrier' verbaute,
hat niemanden mehr interessiert,
wurd fortan ständig aussortiert,
vor Kram wieder ergraute.

Jack Russel Terrier

Ein Tierfreund, auf den Hund gekommen,
erfährt, wenn er noch unbenommen,
dass er ein Rudelführer ist,
und nicht nur Schmuseegoist!

Falsche Gefühle sind ihm fremd!
Der Hund zerreißt sein letztes Hemd
für seinen Freund, den Menschen.

Ist der nicht echt und schwindelfrei,
ruft dies Misstrauen gleich herbei,
denn er macht keine Männchen.

Doch traut er seinen Augen blind,
wird aus dem Kampfgenoss ein Kind
und wedelt mit dem Schwänzchen.

Herrchen und Frauchen, drum seid klug,
ein Hundekuss ist nie genug,
Auslauf kein Kaffeekränzchen.

Zwergschnauzers Kaffeekränzchen

Ein kleines Schnauzermännchen
trank gerne aus dem Kännchen,
die Pfoten lagen auf dem Tisch,
er leckte sich mit einem Wisch
das Wasserschäumchen ab,
dann sprang vom Stuhl er ab.

Sein Frauchen war stets vornehm
und löffelte die Milchcreme
wie einen Becher voller Eis
und machte sich die Lippen weiß.
Servietten nahm zum Schluss
sie nach dem Kaffeekuss.

Sie tupfte ihre Lippen,
als würd sie Briefe tippen.
Das Schnauzermännchen sah sie an,
fragend, ob sie ihn streicheln kann,
sprang gleich hinauf auf ihren Schoß
und legte mit Kuscheln los.

Das Frauchen, noch nicht fertig,
die Lippen kaffeebärtig,
rief: „Männlein, du bist aber schnell,
hab noch Gebäck mit Karamell,
spring ab, mach erst mal Sitz,
mein lieber kleiner Fritz."

Da winselte das Fritzlein
mit traurig bittren Äuglein,
bis Frauchen schob das Restgetränk
von sich und krault ihn eingedenk
des sehnsuchtsvollen Blicks
mit einem Streichelmix.

Fritz schnurrte wie ein Kätzchen
und fischte sich das Plätzchen,
das auf der Untertasse lag,
mit einem leichten Pfotenschlag.

Da fiel die Tasse um
und leerte sich, wie dumm,
auf Frauchens weißbetuchten Rock,
er wurde nass, ein feuchter Schock.

Das Frauchen sprang schnell auf,
dem Fritzchen in den Lauf.
Der bellte ganz erbärmlich,
war ganz und gar nicht herrlich.

Die Kellnerin, die stehen blieb,
sah's Frauchen, wie sie's Röckchen rieb.
Der nasse braune Fleck
ging aber nicht mehr weg.

„Ja gute Frau, wie peinlich!
Im Grund ist ein Hund reinlich.
Wenn's wiederkommen, bittschön, ja,
gehn's vorher Gassi und nicht da!"

Der Dackel

Du stolzer kleiner Dackel,
dein Fell macht kein Gewackel,
die Ohren hängen schlapp herab ,
die Beine sind etwas zu knapp,
das Pfötchen gibst du elegant,
bist mutig und galant.

Fängt er mal an zu kläffen,
kann dich der Unmut treffen!
Stellt er sich hin mit viel Radau,
hilft nur Erziehung, Hundefrau. -
Doch ist er ja kein Dobermann,
auch wenn er bellen kann.

Will er mal nach dir knappen,
verbeißt sich in die Schlappen,
dann Hundefreund, sei dir gesagt,
wer sich so aus der Deckung wagt,
gehört ins Körbchen unverwandt,
hast du Dackelverstand!

Liebesleid

Ein Hahn sang seiner Henne
ein wunderschönes Lied
und gackerte zur Tenne
wo sie ein Ei ausbriet.

Sie gluckte unaufhörlich,
bis sie es übertrieb:
der Hahn, bald schwerenötig,
wurde zum Eierdieb.

Da jammerte die Henne
und weinte um das Küken.
Ein Ei von andrer Henne
sollt' fortan sie beglücken!

Der Hahn wurd' ganz verdrießlich.
Ein Ei stahl ihm die Frau!
Ob seiner Lage misslich
gackert er nur zur Schau.

Als dann das Küken schlüpfte,
wähnt er sich gotterlöst.
Sein Herz vor Freude hüpfte,
dass ihn die Henne tröst!

Die aber wollt nicht wieder,
fühlte sich frank und frei.
Sie spreizte ihr Gefieder
und stahl dem Huhn ein Ei!

April, April

Olgas liebste Katze
fetzte die Matratze
biss sich durch die Kissen
bis sie ganz zerrisssen
blies hinaus die Federn
landeten auf Zedern

alle Zapfen standen stramm
Neuschnee machte Äste klamm
Wind fegte die Federn still
vom Baum und rief: April April

Wenn Katzen Fratzen ziehen
alle Spatzen fliehen

Jagdpause

Minka die Streunerin wirft Haare im Schuppen
und verweigert die Milch sie ist sauer geworden
in der Freiheit nicht betteln zu müssen
um gestreichelt zu werden

dessen ungeachtet werfen Mäuse
ihr das Hauptgericht
auf den Teller der Jagdpause

Katzenjammer

Die Sonne ruht morgens in Wolkennestern.
Wie müd sie gähnt! Die Strahlen fallen flach.
Das Dunkel dämmert, Sterne funkeln schwach,
der Mond vergilbt, er fängt schon an zu lästern.

Im Sonnenauge träumt der Schlaf vom Gestern.
Jetzt bläst der Wind, vertreibt ihn ohne Krach.
Der Himmel bläut, die Sonne jammert: „Ach". -
Und Schatten flimmern, sind des Lichtes Schwestern.

Ich dreh mich um, die Fensterläden klappern,
die Spatzen unterm Dach ganz munter plappern,
verkriech ins Betttuch mich, will mich nicht trennen,

doch Helligkeit durch alle Ritzen blitzt,
die Katze hin zur Klappe trippelt, flitzt.
Ich hör sie hinterm Haus 'ner Maus nachrennen.

Papagei

Vögel hämmerten
Vögel trällerten
Vögel kollerten

kein Mensch den das
Hämmern Trällern Kollern
befiederte

du aber
tönst in allen Wortarten
und Lautstärken
welche die Kehle zu bieten hat

Hoch über der Tierklinik

Ausgestreckt hast du dich Futterhaus
unter Sonnenzeichen hallt Tiergemurmel
in den Himmel in die übers Straßennetz
gestülpte Trockenhaube

das Kind, das darin herumläuft, sucht seine Katze
sie schläft mit Artgenossen auf dem Parkplatz
unter Schatten der Randsträucher
die in die Höhe dörren

Mauerwerk, hart geworden, kühlt unterm Vordach
die kauernde Schlange Hilfesuchender
unnützer Glanz fällt auf jene
die mit Wasser sich besprengen

später wenn die Nacht Hand anlegt
an die Glutglocke gießt Dämmerung
ihr Taubengrau ins Licht
mit den letzten Funken schließt die Praxis

Köllerbach-Etzenhofen

Liebeslaute

Hansi pfiff ein Klangsi
Ara sang für Klara
Kanaris ziepen Piep Piep Piep
ein Wellensittich hat dich lieb

Im frisch verdorrten Stroh

Tiere in Hof und Garten

Der Floh

Im frisch verdorrten Stroh
verirrte sich ein Floh.
„So", sprach die Frau Mama,
die das Entschwinden sah,
„komm du mir nur nach Haus,
ist's aus mit deinem Schmaus!"

Der Floh jedoch war froh,
denn er verpasste so
ganz ohne große Flausen
das ungeliebte Zausen.

„Ach Kind, wo bleibst du nur?
Was bist du nur so stur!"
schimpft sie ganz nervös
und wurde langsam bös.

Als auf die Straße lief,
die Sonne stand schon tief,
ein kleines weißes Kätzchen,
verspielt mit lauter Mätzchen.

Da sprang die Flohmama
mit leisem Hopsassa
aufs süße Katzenkind
und brachte ihm die Grind.

Dies sah die Katzenmutter,
sie brachte grad das Futter.
begann mit Argusaugen
das Fell gleich abzulaugen.

Da fiel die Flohmama
ganz ohne Hopsassa

in jenen Laugentank,
sank hurtig und ertrank.

Aufs wollig warme Stroh
das Katzenfellshampoo
die Katzenmutter goss,
und über'n Kindfloh floss.

Da floh der kleine Floh
gebadet aus dem Stroh
und suchte nun mit Grausen
die Flohmama beim Zausen.

Es rief ein kleiner Floh:
„Wo bist du Mutter, wo?"

In Memoriam Heinz Erhard

Die kleine Raupe Rullerbunt

Die kleine Raupe Rullerbunt
machte einen Schnullermund
schlug durch die Wiese eine Bahn
beknabberte den Löwenzahn
der fuhr die gelben Zähne aus
und warf die Raupe wieder raus

Amselin im Rausch

Es flog mit kräftigem Gesang
die Amselin zum Ast.
Die Kirschen lockten saftig rot.
Da war sie gern zu Gast!

Sie pfiff vor Freud ein Dankeslied
mit Strophen ungezählt.
Die Katze lugt aus dem Verschlag
und grollte, Lied gequält.

Sie hoffte, dass die Amsel schwieg
zur Mittagspausenzeit.
Die Katze in die Krone stieg,
war diesen Singsang leid.

Hinzu kam, dass der Magen knurrte,
da kam es grad gelegen,
dass so ein Vogel laut aufgurrte,
war es auch anders wegen.

Die Amselin im frommen Rausch
pickte ins Kirschenfleisch.
Die Katze pirschte sich heran
ins Amselfutterreich.

Sie schob zum Sprung die Tatze vor,
da flitzte durch das Gras,
der Dackel Rudi und im Chor
sein Herrchen mit viel Spaß.

Der warf ein Holz, es traf genau
den Kirschbaum unterm Ast,
drauf pickte froh die Amselfrau,
sie unterbrach die Rast.

Die Katze fauchte durchs Geäst,
der Dackel trollte fröhlich,
die Amselin, gestört beim Fest,
auftixte unaufhörlich.

Ihr hohes Ssihssih gellte schrill
und drang durch Mark und Bein.
Die Katz, gepeinigt von dem Trill,
wollt nur allein noch sein.

Sie floh in ihren Unterstand,
die Amselin entspannte.
Der Hund das Stöckchen wiederfand
und hin zum Herrchen rannte.

Auf Fenstersimsen
stöhnen fleißige Tauben
Post kommt von oben

Ein Salamander
läuft über die Terrasse
Vögel im Zwielicht

Spreizt ein Pfau das Federkleid
ist die Missgunst nicht mehr weit

Die Eitelkeit

Ein herrschaftlicher Pfau
flanierte mit viel Flair.
Es federte im Blau
die Schönheit mehr und mehr,

bis alle Spatzen schwatzten
über die Farbenzier.
Die Katzen eilends kratzten
den Weg frei für's Spalier.

Und links und rechts die Schwäne
mit Flügel applaudierten.
Der Pfau schwang seine Mähne
weit über die Regierten.

Er schaute nur nach oben,
bewundert von der Menge
und sah vor lauter Loben
nicht aus der dichten Enge.

So hoch erhobnen Hauptes
klatscht in die Pfütz' er nieder.
Dem Fußvolk gleichwohl schlaut es:
Wer sich erhöht, fällt wieder.

Im Schweiß der Dächer
Katzen brüten und Spatzen
plötzlich schreit ein Kind

Ballade vom wahren Schneckenputsch

Zwischen Buchsbaum, Schilf und Hecken,
zwischen Thymian und Farn,
spinnt ein silbrig schimmernd' Garn
eines ganzen Rudels Schnecken.

Kommt ein Laubfrosch angesprungen
auf Maßliebchens Blütenblatt,
Baldurs Auge blinzelt matt,
ist zum Ahorn vorgedrungen.

Liegt ein Rotfuchs auf der Lauer,
hält am Morgen schon die Wacht,
hat in manchen Gärten Pacht
unter Löchern einer Mauer.

Sieht den Laubfrosch munter wandern,
denkt sich, welch ein kleines Mahl.
Frosch erquickt der Sonnenstrahl,
flatscht von einem Platz zum andern.

Schleicht der Rotfuchs in der Hocke
sich zur Beute nah heran,
bis er sich draufstürzen kann,
raschelt eine Rosenlocke.

Lurchtiers Auge späht zur Seite,
sieht den Rotfuchs auf dem Sprung,
vor ihm glänzt der Schneckendung,
sucht mit einem Satz das Weite.

Rotfuchs jagt mit einem Rutsch,
trifft die Schleimspur folgenschwer,
schlittert, schleudert hinterher.
Laubfrosch ist schon lange futsch.
Das ist wahrer Schneckenputsch!

Absinth und Ambrosia

Hellviolette Ackerwinde klettert am Kraut
der Topinambur empor verstrickt sich
in den Korbblüten der Erdäpfel

im Versteck der Sonnenbank träufelt
Bitterkraut Wermutstropfen ins Gewächs
rosa Rosen schwelgen im Aperitif des Sommers

verströmen ambrosischen Balsam
für die Bienenköniginnen
auf der Nektarspur in den Blütenpfad

im Spalier der Stockmalven und Königskerze
herrscht Honigrausch

Hundertblättrige
sucht das Bienenvolk Honig
für alle Fälle

Einen Sommer lang
aus Blüten süffeln ist dir
Biene nicht genug

Im Blumenreich

Im Klostergarten steht ein blauer Hirsch
und röhrt im Blumenreich. Ein Glockenton
der Stille huldigt, göttlicher Passion,
mitten im Grünen geht sie auf die Pirsch.

Vom Monte Schlacko löst sich ein Geknirsch
von Kieseln in der Windmeditation.
Die Rose rügt die Staubindiskretion
mit Duftentzug, ein Falter flattert wirsch

vom zitternden Lavendel, Eselsdistel
sich entstäubt, El Pasos Kaktusohren
sich richten für die Weisheit der Epistel.

Den Gartenzaun, bestrahlt von Chrysanthemen,
berankt der weiße Riesling unvergoren.
Das Reifen muss sich mit Geduld bequemen.

Gartenklänge

Metallener Gang
Hufe Geschirr
Pferde wiehern im Tor
rostbrauner Schatten
auf steinernen Platten
Kraniche flügeln hervor
Kieselgeklirr
im Schmutzwasserfang

Honigkrieg

Mich hüllten Düfte ein im Weiß der Rispenblüte,
die Süße eingebunden auf der Blumenbank,
in Sträuchern lockte Suchende der Nektartrank,
die Wespen hingesunken in die Honigbrüte.

Ein Falter surrte ins Gestäub mit Lustgemüte,
umklammerte das Astrohr, lupfte im Gerank
am Bacchusbecher aus dem offnen Blütenschank,
vibrierte aufgeregt im Rausch der Nektargüte.

Die Wespen zogen ihre Fühler aus den Pollen,
ersummten zornig Helfer aus den nahen Wiesen,
gemeinsam sie zum Kampf um Nahrungstöpfe bliesen.

Voll Ärgernis die Wespenbäckchen überquollen.
Ein Luftsog zerrte plötzlich kräftig in den Lüften.
Natur zerstob die Krieger, warf sie aus den Hüften.

Parkverbot

Schnecken spielten verschmitzt Verstecken
vor den Zangen der Skorpione.

Dass niemand im Blumenparadies wohne
Gartenbarone Gift verspritzten.

Skorpione und Schnecken flitzten
aus des Parkes Todeszone.

Regenflucht

Ich sah in Regen ein, in Luft aus Harz und Lauben.
Vom Dach herab fiel Reisig, brauner Zapfenrost,
die Reben leergefegt, auf Fässern trieb der Most,
die Käfer krochen langsam unter Gräserhauben.

Ein kleiner Vogel piepste ängstlich von den Gauben,
er zitterte im Federflaum, im Wetterfrost,
umkrallte Zargen gegen Böen aus dem Ost.
Von Ziegeln lauthals haderten die Tauben.

Wollt er den Luftkampf unbeschadet überwinden
so musst er fliegen lernen, jener kleine Vogel,
das Nest am Ast des Baumes wiederfinden,

aus dem er fiel. Zum Leben streben Organismen,
die sich dem Tod entgegenstellen im Gemogel,
sich im Regenbogen sonnen, in den Farbenprismen.

Im Irrlicht

Abendsonne setzt den Goldstift
unter die Tagestönung
Signatur der blauen Stunde

Kirschlorbeer und Schmetterlingsflieder
flüstern mit der Gartenzeile
Stühle paaren sich unterm Nussbaum

Fassadenrot zersplittert im Wasserspiegel
Goldfische springen im Pulk aus dem Teich
formieren sich vor dem Einschlag der Fischreiher

Vögel verfliegen sich
manchmal verfehlen sich Menschen auch

Im Deutsch-Französischen Garten

Im Park gründeln Schwanenmajestäten
und Pommerngänse kreisen still im See.
Die gelben Boote schwanken schwer, sie jäten
die Wasseroberfläche. In der Allee,

umschwärmt von Sonne, edlen Pudeldamen
und Dackelherren, eine Lerche singt,
nicht Nachtigallen. Blütenpanoramen
süß duften, hell die Wasserorgel klingt

im Takt der Bachakkorde wie Kastagnetten,
als drehte Mittagslicht geheime Pirouetten,
erhitzt, erschöpft, betäubt. Und Liebeslieder

verschenken Melodien, aufgeklungen
an den Bänken. Tauben haben ausbedungen,
sich auszuruhen unter weißem Flieder.

Ameisen hüpfen
Böden glitzern und schimmern
Schnecken im Frühlicht

Die Scholle sprach zur Flunder

Tiere in und um Gewässer und Flüsse

Scholle und Flunder

Die Scholle sprach zur Flunder:
„Dein Kleid ist doch nur Plunder,
wie eine Fleckendecke,
du bist ne Meeresjecke."

Da sprach die Flunder: „Scholle,
sag, bist nicht ganz dolle?
Das Meer ist keine Modenschau,
egal ob Mann oder ob Frau."

Da sprach die Scholle: „Flunder,
es wäre auch ein Wunder,
wenn du wärst wie das Meer so blau,
du bist nur platt und mittelgrau."

Die Flunder sprach: „Du, Scholle,
bist auch nicht grad aus Wolle!
Dein Steingrau gleicht dem Meeressand
getarnt wirst du nicht mehr erkannt."

„Oh Flunder", sprach der Plattfisch,
du bist ja nur ein Nachtisch.
Wer mich erkennt, kriegt Appetit,
mich zu verwandeln hält mich fit."

„Du hast doch Stachelflossen,
zählst nicht zu den Kolossen,
als Speisefisch wie du und ich,
landen wir beide auf dem Tisch."

Da zappelte ein Wattwurm,
es kam zu einem Ansturm,
am Boden kräuselte das Meer,
Scholle und Flunder hinterher.

In diesen Turbulenzen
hielt sich der Fang in Grenzen.
Der Wurm entpuppte sich als schnöder
weitgeworfener Angel-Köder.

Da sprach die Scholle: „Flunder,
dies Pech ist ein Glückswunder.
Vergraben wir uns in den Sand
und bleiben unerkannt."

Quallengang

Quallen lallen im Sand
wo sie ein Urlauber fand
herausgespült aus dem Meer
wabert ihr Gel giftig sehr
um doch noch 'nen Fuß zu fangen
sie auf den Urlauber sprangen
der fuchtelte wild umher
sprang aufgeregt in das Meer
wo sich die Qualle entband
und hurtig im Wasser verschwand

Wenn die wilden Schwäne tanzen
musst du dich im Schilf verschanzen

Jagdflug

Blaues Gewölk oben
blaues Gewell unten

Möwengekreisch lautgrell
Möwengekreisch blitzschnell

Blaues Gewölk oben
blaues Gewell unten

spritzende Pfeile
greifende Krallen

Blaues Gewölk oben
blaues Gewell unten

Zerfall eines Fischzugs

Unterschlupf

Aschesilber der Gräser
schwankt über Buschwindröschen
Schattenschlummer der Heide
unter Kieferkronen
Tröpfchen aus Astschweiß
an der Neige der Ginsterrispen

Heißwind zieht herüber vom Meer
ein Salamander kreuz und quer
Unterschlupf sucht
unter Wurzelsteigen
am Waldboden

Hungersturm

Noch ist es grau am Uferstrand
dunstige Nebelnetze
fallen über mein Gesicht
und übers Meer fliegt aufgewirbelt
ungestümes Kreischen

Schatten stürzen
weiß vom Seewind
scharren im Priel
Seevögel schlagen
ihre Hälse in Rinnsäle

ich steh in der Flugbahn
scharf klingen die Schnäbel
klirren wie Säbel
wenn sie jagen
im Hungersturm

Fintenfische

Tintenfische legen Finten
beim Verspritzen ihrer Tinten
der sie höchstgeschwind entsprinten
will großer Fisch den Tintenfisch
in seinen Schlund versinken

Strandgang

Meerschaum Wellenkrönung
entglitzert im Sandgeriffel
Sonnenfön trocknet Skulpturen
aus Sandwurms Geschriffel

im seichten Priel graben die Zehen
blubbert Muschelgegluckse
wirbelndes Flöhegemuckse
pickt mich beim Gehen

L'île aux oiseaux

Von allen Seiten sieht man, wie zwei Hütten
auf Pfählen über Wasser triumphieren,
in welches die Kanäle sich verlieren
und Meeresvögel. Wellen sich entschütten

und branden, welche üppig wie aus Bütten,
aufgefüllt mit Fischen, Schalentieren,
die Austernbänke ständig inspizieren,
sich überschlagen, wieder überschütten,

sich unterspülen, als wären sie geworfen
von langer Hand, den Boden zu entschorfen.
Aus Fluten steigt's und lagert sich an Stränden,

als wären unsichtbar sie angetrieben,
von alten Zaubersprüchen wundgerieben,
den Überfall der Fischer zu beenden.

Cap Ferret

Wellendrift wirft Muschelketten
auf die rostige Spitze der Nehrung
unterm Überflug ausschwärmender Brandseeschwalben
spreizen Sandbänke vom Meersog
aufgeschobene Flutlinien

im Seegras hacken orangerote Schnäbel
staken Austernfischer auf Futtersuche
blaue Stranddisteln stacheln
in den vom Wind herübergewehten Landgang

an der Brandungszone atlantischer Gezeiten
quellen im Quarzsand Feuerqallen
Röhrenwürmer krümmen sich

Vogelstrand

Ein Ziepen, Piepen, grelles Wiepen
ein Schnattern, Rattern, helles Knattern
ein Schwirren, Wirren, dumpfes Sirren
ein Huschen, Wuscheln, dunkles Kruscheln
ein Schnalzen, Balzen, Wasserwalzen
ein raues Krähen und Krakeelen
ich will es länger nicht verhehlen
am wilden Wasser flach versandet
im Vogelland bin ich gestrandet

Los der Zikaden

Grashüpfer Grillen Zikaden
sägten in hügliger Wiese
abseits von kühlender Brise
die wehte von Ufers Gestaden

sie sägten und grellten und tönten
herzhaft mit festen Waden
doch Käfer Würmer und Maden
schimpften gemeinsam und stöhnten

soll doch der Himmel uns grollen
dachte die zirpende Meute
denen kein Ungemach dräute
wer sollt ihnen Böses denn wollen

sie hüpften ans Ende der Düne
strichen genüsslich die Geige
dass sich der Meergott verneige
vor ihrer Graskammerbühne

Doch auch die Möwen dies hörten
an ihren fischlosen Pfründen
hinter den sandigen Gründen
Lieder die sie verstörten

sie flogen voll Groll einen Bogen
zum kunstvollen Dünengesang
das Trommeln verstummte verklang
so wird nun ihr Schweigen zur Sühne

Möwen schlagen Sturm
Nonnengänse im Anflug
Rast im Wattenmeer

Schattenspielzeit
auf der Mosel Lichtscherben
ein Schwan zieht davon

Ratschen und Pfeifen
in der Vogelkolonie
ein Kuckuck fliegt ab

Möwen schweigen still
Nordwind peitscht Wolken aus
spar dir die Tränen

Im Röhricht

Im Röhricht seufzt die See
zwischen Schilfrohr und Binsen
stolzieren schwarz befiederte Stelzen
Raubvögel lärmen, treiben ihr Schlagwerk
in Nistplätze, Teichrohrsänger zetern

Gezwitscher aus Dickicht
Drosselbanden fliegen auf
in der Kolonie der Wasserschwaden
verkriechen Larven sich und Raupen

Rohrkolben halten die Köpfe zusammen
ihre Ährchen verfangen sich
in den Dolden der Schwanenblumen

schon spitzen die Scharfrichter die Schnäbel
stochern im Schilf der Wasserpflanzen
klopfen den Boden ab
nach dem Laich der Karpfen und Hechte

Bostalsee, Bosen

Schwanensee

Von den Emporen steigt die Nacht.
Monde, die Sternen entsagen,
gleiten dahin wie mit Geisterfracht,
den Schlaf probt der große Wagen.

Dort irrt ein Traum, der nicht träumt,
aus stiller Sehnsucht sich speiste,
der seinen Flaum aus den Tagen bäumt,
sich niemals misst mit der Leiste.

Im Teich zieht ein Schwan eine Silberspur,
das Geraune Rotbarts entfacht.
Pan flötet leise in Moll und Dur,
im Schilf ist Odette aufgewacht.

Die Flügel auf der Wasserhaut
bauschen, ein Tanz mit dem Federkiel,
schwingt auf der Vogel, tönt ein magischer Laut
in das unauslöschliche Spiel.

Auf weißen Schwänen flieg ich zu dir
durch den Wind, sternfädenverstrickt.
Draußen spielt Nacht auf dem Träumeklavier,
zeitlos durch den Äther geschickt.

Schwanentanz

Der Wellengang verschiebt den Fluss der Saar,
und alles Glitzern leuchtet in den Rillen.
Der weiße Rauch steigt auf aus alten Villen
wie Festlichkeits-Standarten. Ein Schwanenpaar

im Anflug, die Schwimmhaut der Füße zwar
gespreizt zum Wasserlauf, durchbricht mit Willen
die nasse Oberfläche, landet mit schrillen
und spitzen Tönen flügelschlagend, den Talar

aus Federn aufgeplustert dank des Schwingens.
Beim Schlingen ihrer Hälse im Wasserglanz
verlieben beide sich aufs Neu, so ganz

vergessen aller Augen, die rings umher
das Liebesritual bestaunen, gar sehr
beeindruckt von der Dauer dieses Ringens.

Am Delta der Leyre

Im feuchten Nebel am Delta der Leyre
liegen seltsam unberührt
aus Eichen gebrochene Äste
Wasserarme reichen sich brackige Hände
zum Beschluss

befriedete Uferzone hälst deine Schwäne
wie weiße Wimpel in den Salzwind
Störche auf Wachtürmen klappern Alarm
wenn ein Schwarm Fotografen blitzt

Flusskrebse am Wegesrand
nach Unbelehrbaren schnappen
Störenfrieden natürlicher Ordnung
Feldmäuse schleichen davon

kopfüber Enten sich scharen im Tauchgang
suchen mit Fischaugen die Strömung ab
auf Pfählen stecken Seevögel
die Schnäbel ins Gefieder

einst waren sie Zielscheiben
in Jahren die nicht wiederkommen

Im See aus Jade
zieht ein Schwan Spiegelspuren
Geständnis des Lichts

Nachmittag

Auf zuckender See
blendet die Sonnenpeitsche
trägt mich die Fähre
lüstern leichten Wellengangs?

doch weshalb gezwungener Glanz
meine Augen tränen
eine andere Seite des Ufers?

einen Steinwurf entfernt
federt Wildentenflaum
tändelt über Pflastersteine
hinunter ins Becken
überläuft den Windhauch
den ich einatme
im Lichtkern des Nachmittags

er spuckt Wärme aus wie Lavaglut
brodelt, läuft aus ins Leck
aufziehenden Blaus
als hätte es nie zuvor Abende gegeben

Wildgänse fliegen
Daunen weht Sommerwind in
Hollunderbüsche

Flügel bauschen sich
im Licht des Sonnenwindes
tanzende Schwäne

Am Stavanger Dom

Seevögel kreisen pendeln
zwischen Ölplattformen
und Hafengelände

am Dom schreien dutzende Möwen
beißend ohrenbetäubend
gellen aus vollem Hals
drohen sich mit Flügelschlagen
im Kampf um Sitzplätze

eine fliegt auf landet
auf der Haube der Parklaterne
thront majestätisch
mit himmlischer Aussicht
über den lärmenden Artgenossen

im benachbarten See paddeln
Schwäne und Enten unberührt
sie stören sich nicht
am Gerangel des Vogelvolks

sie putzen ihr Gefieder
für den Goldlack
den die Sonne
über die Wasserhaut sprüht

Baumkronenlaute
Konferenz der Zugvögel
wirres Luftgespräch

Der Vogelkundler

Von vorne hört man's klappern, krähen, kreischen,
das in der Stille um so klarer klirrt,
wie wenn Gespenster, in der Zeit geirrt,
nun sichtbar um die Wasserflächen schleichen,

um Hecken, dunkle Höhlen zu erreichen,
sich aus dem Licht die Dunkelheit entwirrt,
kein Schmetterling ihnen entgegenschwirrt,
dem sie, die Tarnung wahrend, müssen weichen.

Doch schleichst du selbst auf Vogelkundlers Fluren,
versinkst du haltlos in Entdeckerspuren
wie ein Gespenst, das aus der Zeit sich denkt,

sich heimlich an den Aussichtsplatz hinrenkt
willst unverstellt das ungestörte Treiben
der Vogelwelt ganz nah dir einverleiben.

Vogelsitzung

Hörst du den Zilpzalp
hörst du den Kuckuck
hörst du die Tauben

die Versammlung der Vögel
thront in den Kronen der Seekiefer

auf der Tagesordnung:
Windzeichen
Landstriche
Flugstärken

Vogeldemokratie

Von unten fällt der Blick auf hohe Bäume,
die ein Gezweiggewirre auf sich tragen,
aus welchem rote Stelzen aufrecht ragen,
die scheinbar wachsen in die blauen Räume.

Auf Gräsermatten tritt, auf Federfläume
die Storchenmajestät mit hohem Kragen.
Mit starken weiten Schwingen ohne Zagen
sie auf Gewässern aufschlägt weiße Schäume,

wo sie mit ihren langen Schnäbeln klappern,
mit ihresgleichen ausgelassen plappern.
Ein kleiner Buchfink plötzlich sich es wagt

und lauthals seine liebe Ruh einklagt
im Vogelpark. Schließlich sei es demokratisch,
dass Kleinvolk mitspricht, meinte er sokratisch.

Singdrosseln zwitschern
lärmen über Astgabeln
Flugreisewege

Pfeift ein Vogel den Liebeslaut
spielt auf zum Tanz der Natur
das Orchester der Jahreszeiten

Küstenkonzert

Aus der Höhe Kuckucksrufe
von roter Pinienkrone abgeflogen
Vogelgespräche in Nadelbündeln
ein Reh scheut sich nicht

Wellenrauschen aus der Ferne
bäumt sich auf
fällt ab
zieht sich zurück
um mit rollendem Tosen
wieder anzulanden

eine Taube fliegt still heran
lauscht im schwingenden Geäst
um das Küstenkonzert nicht zu stören
ich lausche mit

Lichtspiele

Dann hebt das Nadelwerk
grüngoldenen Glanz:
die Morgenmajestät
ummantelt von Blau
gebietet dem Vogelvolk
Platz zu nehmen
für die Lichtspiele
des Sonnentheaters

in der ersten Reihe:
Nachtigallen
Sperlinge
Goldmeisen

Ein Frosch saß auf dem Halmrohr

Tiere in Feld und Flur

Erster Frühling

Ein zartes Grün beendet Sterbens Trauer.
Das Graue wankt, es muss den Farben weichen.
Die Knospe sprießt, will Tageslicht erreichen
und hofft bald sehr auf einen Regenschauer.

In Wald und Flur liegt Leben auf der Lauer.
Ein Frosch sich wagt, bald wandert zu den Teichen
die Heeresschar, um endlich abzulaichen.
Die Sonnenhand erlöst von Schattens Dauer.

Die neue Zeit wächst auch in unsren Köpfen,
der frische Wind weht altes Zagen fort,
mit neuer Kraft das neue Werden schöpfen.

Und über Nacht gerät die Welt zum Garten.
Ein Wunder ist's, es dringt in jeden Ort,
selbst Amors Pfeil kann nicht mehr länger warten.

Wenn die Frösche wandern
folgt einer dem andern

Federflaum fliegt leis
Grashüpfer springen im Kreis
ein Regenwurm flieht

Von Fröschen und Fliegen

Ein Frosch saß auf dem Halmrohr,
sah einer Fliege nach,
er quakte unermüdlich,
'ne Fliege flog ganz friedlich
durchs off'ne Gräsertor.

Dem Frosch verschlug's die Sprache
vor soviel freiem Geist,
denn dass ihr's wisst,
die Fliege frisst
der Frosch an jedem Bache.

Da hüpfte seine Fröschin
auf's Halmrohr neben ihn,
das Gräsertor
Durchgang verlor,
sie probte schon als Köchin.

Die Fliege unterdessen
sah sich die Falle an.
Flieg ich ganz schnell
wie'n Karussell,
werde ich nicht zum Fressen.

So sauste jene Fliege,
Froschwacht hin oder her,
durch jenen Spalt,
der offen halt,
das Froschpaar zu besiegen.

Die beiden hörten 's zischen,
ein Lufthauch zog am Grün.
So eine Schmach,
die Fliege stach
sie aus beim Beutefischen!

Da sprach die Fröschin: „Froschmann,
die Stellung halten wir.
Hüpf du durch 's Tor,
ich wart davor,
so kriegen wir sie dran!"

Die Fliege augenblicklich
erkannte die Gefahr,
schnappte vom Farn,
um sich zu tarn'n,
das Pollengarn geschicklich.

Dann schwebte sie zum Nahkampf
im Pollenfädchenflor,
reizte die Nas'
mit Pollengas
und hinterließ nur Dampf.

Das Froschpaar nieste kläglich
die Luft sich aus dem Leib,
zog sich zurück
vom Beutetrick
und wurd' fliegenverträglich.

Überall liegt Staub
Spinnen schütteln die Netze
Blütenpollenflug

Zitronenfalter
flattern kreisen fliegen leicht
im verschwitzten Wind

Maulwurf Franz

Feuchte Fusel leise schleichen
über dunkelgrüne Kuhlen.
In den kleinen blassen Teichen
sich die Rabenknaben suhlen.

Aus dem losen Erdenturm
spitzt der Novemberregenwurm.
Auch ein schwarzer Borkenkäfer
nistet dort als Wetterschläfer.

Flugs mit allerlei Verdruss,
setzt ein Maulwurf an zum Schuss.
Wenn der Herbst auch alle striezt,
sind die Löcher doch sein Kiez!

Sein Revier wird er verteidigen,
niemand wird ihn hier beleidigen.
Wer in seinen Löchern spielt,
ihm die Winterruhe stiehlt.

Also fing er an zu bohren,
von dem Schwanz bis zu den Ohren
drang er unterirdisch vor,
hob den Regenwurm empor,
warf den Käfer trotzig raus
zum Gefallen einer Maus,

stieg heraus mit Siegermiene,
präsentiert auf Astes Schiene
den gewund'nen Gräserkranz,
stolz wie Oskar, Maulwurf Franz.

Und wie wahr, Fanfaren, Tröten,
aus den hohen Hallen flöten,

erst noch sanft, dann kratzig rau,
durch des Morgennebels Grau.

Während Raben weiter spähten,
laut im Hungerfrust aufkrähten
nach der Maus am Bodenturm,
drohte jetzt Raubvogels Kürzel.

Jäh kroch fort der Regenwurm.
Raben stählten ihre Bürzel,
zogen ab mit viel Geschrei,
knapp am Raubvogel vorbei.

Dieser rammte seine Krallen
fest in Maulwurfs Erdenballen,
hob ihn aus dem Höhlenbau,
flog die Beute zielgenau
in seinen Horst, um sich zu laben.

Regenwurm und Käfer schaben
sich ins dunkle Erdenreich,
Rabenknaben sanken bleich,
aufgeschreckt im Nieselgries,
in die Gräser einer Wies'.

Die Moral von der Geschicht':
Gräben graben lohnt sich nicht.

Farbklänge

Dunkelstaub ein Licht
graue Farbrisse zögern
Nachtfalken fliehen

Nachtschattenhimmel
zieht davon Nachtigallen
stimmen die Töne

Wind wiegt in Zweigen
Aufgang des Sonnenfeuers
Rotkehlchen loben

Liegt ein Fuchs auf der Lauer
ist der Frieden nicht von Dauer

Blütenschutz

Geissfuss, Bocksbart, Storchenschnabel,
einen Kranz im Wiesenbabel
flechten weiße Margeriten
um die Wege der Termiten,

dass die vielen kleinen Pflanzen,
die sich hinterm Fels verschanzen,
sich vor Krabbeltieren schützen
mit dem Kranz aus Blütenmützen.

Morgendämmerung

Lichtnester
im dunklen Azur
Triller der Rotkehlchen

Trommelschläge wirbeln
Zaunkönige fliehen
und Eichhörnchen

Schwarzspechte zimmern
im Buchenwald

Wenn zwei sich streiten

Regen prickelt über Halmen,
tropft auf schlafende Zikaden,
ruhn im Gras auf ihren Waden.
Vögel zwitschern frohe Psalmen.

Dunst steigt auf, fängt an zu qualmen,
übers Gras wandern die Schwaden.
Ohne Zagen die Zikaden
hüpfen unter Schilfes Walmen.

Ach, da züngelt eine Schlange.
„So ein ausgeschamter Schnödel!
Für dich ist das doch nur Trödel",

schimpfen bös die Vögel lange.
Vom Geschrei der Kampfestiere
aufgeweckt fliehn die Zikaden.
Dank der Schmiere!

Wahre Freundschaft

Ein Regenwurm im Sonnensturm
den Leib durch Grund und Boden zwang.
Ein Vogelmaul hackt in die Kaul,
ein Floh auf dessen Flügel sprang.

Das juckte sehr, kratzt hin und her,
der Spatz, spannte die Flügel weit.
Da kroch der Wurm zum Möhrenturm,
der Floh fiel aus dem Federkleid.

Er hüpfte auf den nächsten Vogel,
der flog grad hin zum Möhrenkogel,
wo sich der Wurm verköstigte.

Dass er ihn nicht belästigte,
verbiss der Floh, man glaubt es kaum,
den Vogel unterm Bürzelsaum.

Rabenfang

Ein Dutzend Raben aus Schwaben
wollte an Würmern sich laben
sie flogen aufs frisch gepflügte Feld
denn der Bauer hatte den Acker bestellt
die Sämereien genetzt und gedüngt
Setzlinge versetzt die Aussaat verjüngt

als alle Würmer verschlungen
wurd' um das Saatgut gerungen
die Sieger solange pickten
bis sie erstickten

Lichte Liebe

Junikäfer landen leise
auf der Gartenmauer.
Flügelchen vibrieren weise,
Luft wird stiller, lauer.

Auf der Wartebank der Liebe
sehnsuchtsvolles Glühen;
ungehörig wer sich riebe
ohne sich zu mühen.

Voller Lust und Lebensfreude
glüht es auf und wieder
fallen die Erleuchteten
ins warme Grasbett nieder.

Alle scheuen Erdbewohner
fühlen sich belichtet.
Glühwürmchen, der helle Lohner,
wird zum Dank bedichtet.

Sonnenuhr

Straße des Lichts
Sonnenschmelz
brennst dich mir ein
wärmende Schönheit
schickst mir Ikarus
für den Höhenflug
im späten Spelz
flattern Glühwürmchen
um die Sonnenuhr

Leuchtfeuer
für die Landung
der Dunkelheit

Glühe Würmchen glühe
nachts bis in die Frühe
Küsse unterm Käferschrein
Mondlicht kann nicht schöner sein

Häschen in der Grube

Eine Häsin aus Saarbrücken
wollte ihre Stube schmücken.
Sie zog hinaus in Feld und Wald,
scharrte und suchte in jedem Spalt.

Zurück in ihrer guten Stube
schaffte sie alles in die Grube.
Sie räumte und putzte und leckte,
kein Außengeräusch sie schreckte.

Schließlich stolzierte hinaus die Gute.
Ihr war so überglücklich zu Mute.
Da lauerte lang schon ein Fuchs.
Die Häsin gab gar keinen Mucks.

Contenance

Auf einer Weide Rasen
blinzelten Kälber beim Grasen
inmitten der Mutterkühe.

Die hatten alle Mühe,
dass ihre Neffen und Basen
beim Jagen der prügelnden Hasen
in aller Herrgottsfrühe
im Anblick der Liebesextasen
aus Etikett nicht vergaßen zu grasen.

Rittergrube

Ritter raunen aus der Koppel
staunen über das Gehoppel
einer ganzen Hasenschar

in vergangenen Jahrzehnten
rangen sie in ausgedehnten
Kämpfen um der Liebsten Haar

hört der Hufe dumpfes Stampfen
Rufe Klirren Rosse dampfen
schnauben auf zum schnellen Ritt

Liebste wedelt mit der Locke
Ritter gehen in die Hocke
springen auf mit einem Schritt

Knappen reichen ihnen Schilde
Schwerter blinken auf die wilde
Schlacht um Burgfräuleins beginnt

bis die Zeit den Schleier zieht
vor den Förderturm sich kniet
bringt die Pferde aus dem Tritt

Reiter stürzen Szenenschnitt
doch die muntre Hasenschar
hoppelt wie es immer war

Gartenfrost

Dächer. Schwarze Majestäten wachen auf den Graten
wie einstmals Musketiere auf der herrschaftlichen Burg
den König schützten. Der Winter ist der Dramaturg
der Jahreszeit, beschlagnahmt die verlassenen Quartiere
mit Schneegestöber und Krähen werden Vogeloffiziere.

Leerstand. Rost im Garten nagt an abgestellten Spaten
wie kleine Vögel am Hungertuch der Winterkost.
In aufgetauten Beeren brennt die Sonne süßen Most.
Als Durstige sich auf den Fruchtsaft niederstürzen
der Wachdienst aufkräht, um das Besäufnis zu verkürzen.

Aufflug. Winkeladvokaten schwingen ihre Flügel,
trunkene Artgenossen lassen ab vom Henkelbecher.
Nebelkrähen schwirren aus wie königliche Häscher,
dass selbst die Gartenmäuse im Kompost verschwinden
und Eichhörnchen sich ducken in kahlen Astgewinden.

Ruhe. Die Aufgescheuchten retten sich vor angedrohter Prügel
in Verstecken. Wolken ziehen sich verschreckt zusammen.
Galgenvögel schwadronieren, verpfeifen sich in Telegrammen,
dieweil ein Regenschauer alle Grabenkämpfe unterbricht.
Ermüdet schließt der Himmel seine Augen, löscht das Licht.

Ein Wildschwein wälzt sich vor Kimme und Korn

Tiere im Wald und freier Wildbahn

Waldrätsel

Tschakerditschak
Knackerdiknack
Rackerdirack

Kuckurukuck
Schnuckedischnuck
Ruckediruck

Gurredigurr
Surredisurr
Schnurredischnurr

Tschipeditschip
Ziepediziep
Piepedipiep

70

Waldeslust

Waldesluft, Waldesluft,
oh wie heilsam wirkt dein Duft.
Des Hirsches Röhrerei
fängt eine Hirschkuh ein
und brüllt aus voller Brust
von Liebeslust.

Waldesluft, Waldesluft
oh wie kleidsam Frischlings Kluft.
Des Wildschweins Stöberei
setzt einen Dachsbau frei
und wühlt aus voller Brust
mit Hungerslust.

Waldesluft, Waldesluft
auf dem Hochsitz schielt ein Schuft.
Des Schützens Störerei
setzt auch den Füchsen bei,
er jagt aus voller Brust
mit Jägers Lust.

Schadensfall

Ungeordnet vom Donner
das Netz der Spinne im Strauch.
Die Hornisse stürzt,
verschleiert, verklebt, auf den Bauch.

Sie windet sich, sticht ihr Gift
in den regenweichen Boden,
trifft den Hirschhornkäfer
auf den schwarzen Panzer,
der darunter krabbelt.

„Bist du ein Lanzer",
ruft er ihr nach,
„oder ein kämpfender Schläfer?
Der Urwald eignet sich nicht
zum Kriegserklären",
und wischt ab sich die Zähren.

Während er zappelt
betrachtet die Spinne das Kräftemessen,
webt ein glitzerndes Dach.

Die Hornisse reinigt vergessen
im feuchten Bach des Sturms
die Flügel erpicht,
fliegt auf aus dem Bann
ins Sonnenlicht.
Arachne strafft ihr Gespann.

Urwald

Wir klettern über abgebrochene Äste
spüren dem Laut nach
der von den Stämmen rührt

an der Borkenweste
hämmert ein Specht stolz
seine Höhle ins Holz

Zersplittertes schießt
in den Humus Trichter
wir weichen aus jenem Fallen
laufen auf freie Plätze

eine Maus verschließt
ihr Erdloch mit Laub dichter
rollt vor einen Blätterballen
versteckt die Vorratsschätze

Waldvögel pfeifen
auf der Gondel der Laubstricke
geheime Botschaften
verführerischer Gedanken

wir lösen vom Liebesgeplänkel die Blicke
und wandern weiter
die sich den offenen Kampf verkneifen
rütteln an Altholzplanken

Die Waldmaus

Wenn im Wald die Füchse schnüren,
Mäuse sich zu Läufern küren.
Denn das Mäuslein, flink und flugs
macht sich mit dem Fuchs 'nen Jux,
rast, eh sich der Fuchs besinnt,
ins Erdloch rein, schnell wie der Wind,
zieht seine Erdbautüre zu,
So, Herr Fuchs, mein ist die Ruh!

Kleintiere

Neulich sah ich den prächtigen Adler
mit seinen weiten Schwingen
den mächtigen Federn
und schlagendem Windstoß

Seine Krallen hinterließen Narben
auf Ästen und Zweigen
darbende Kleintiere ergriffen die Flucht

Bewegung im Unterholz
verwirrt traf er stolz den Stein

Den Schnabel verbogen
ließ er ab
auf Kleintieren herum zu hacken

Der Waldschrat

Grenzenlos atmet die Landschaft
himmelwärts ein Sonnenzögern

über der Querneigung der Waldwege
Fußtritte auf Steinrücken
von scharfen Kanten durchstoßen
widerhallen in Regenpfützen

Wind durchstreift das Gehölz
frischt auf den Blätterharsch der Keltengräber
Rehe aufschrecken flüchten davon

auf seinem Stammsitz
lächelt der Waldschrat

Waldbruch

Geht ein in der Waldgesellschaft
Laub gelichteter Baum
überm abgeholzten Nestwerk
schreien Vögel
wie wild ist in mir ihr Tönen
auf der schnittigen Kante aus Bast
kahle Last der Windsaat
im Splintholz bohren noch Spechte

Das Eichhörnchen

Ein Eichhörnchen im Kiefernwald
am Baumstamm tief sich festgekrallt.
Mit flinken Sprüngen im Geäst
schwang sich's hinauf zum Erntefest,

sah nicht nach links, sah nicht nach rechts,
hörte auch nicht das Kra-Gekrächz,
das ebenfalls zum Abendessen
sich in der Pinie eingesessen.

Es knackte laut, es knackte leis,
das Sammeln kostete viel Schweiß,
der schließlich auf den Boden tropfte,
auf eines Finkes Federn klopfte.
Verärgert der nach oben feixte,
wo jener Räuber Äste spreizte.

Als ihn der Fink entdeckte
Geschrei Eichhörnchen schreckte
dass es vom Baum hinuntersprang.
Aus war es mit dem Rabenfang.

Pinien nicken

volle Zapfen fallen ab
Haselmäuse springen

Nicht schlecht Herr Specht

Zu Sommers Abschied haut ein Specht
die Schnabelsäge in den Ast.
Zur Mittagszeit im letzten Glast
wird aus dem Zimmermann ein Knecht.

Dies ist dem Eichhörnchen nicht recht,
es schläft grad süß in seinem Kobel,
wird wachgerüttelt durch den Hobel,
die Ruhe durch den Krach geschwächt.

Der Vogel bohrt sich in den Bast
und denkt: das ist nicht schlecht, Herr Specht!
Als um das Nest er weiter zecht,
wird es dem Hörnchen doch zur Last.

Es schlägt die Krallen zum Gefecht
und stellt das Fell auf wie ein Zobel.
Der Specht denkt: dieses Fell ist nobel,
als Innenfutter gar nicht schlecht.

Das Hörnchen springt flugs an die Höhle,
will jenen Störenfried verprügeln,
der droht mit aufgeschlagnen Flügeln
und schreit aus voller Vogelkehle.

Das Hörnchen, wirr von dem Krakeelen,
trifft jenes Nest nicht ganz genau.
Die losen Brocken aus dem Bau
des Hörnchens Köpfchen nicht verfehlen.

Getroffen fällt der Streiter nieder
auf einen Wurzelstrang des Baums.
Der Specht, verwundert dieses Traums,
trällert den Wald voll Siegeslieder.

Da setzt ein Rotfuchs , der dort schnürte,
zum Sprung an auf die leichte Beute,
Doch nun des Spechtes ganze Meute
auf jenen stürzt und Wind aufschürte.

Der Fuchs, erschrocken, lies ihn liegen.
Die Vogelschar schlug weiter Wind,
das Hörnchen lag taub wie ein Kind.
Kein Specht wollte da weiterfliegen.

Als zehn Minuten schon vergangen
schlug's Hörnchen seine Äuglein auf,
der Schwarm vor Freude pfiff zuhauf.
Da wollt Hörnchen nichts mehr verlangen,
hat sich nie mehr bei Spechts verfangen.

Mundpropaganda

Brombeeren in vollem Fruchtfleisch
hängen saftgesättigt
im Dornenstrauch

Dort wo der Hauch des Regens
Sonnenhitze kühlt
klirrt süßes Tropfen ins Gras
Beeren singen das Mittagslied

Vögel hüpfen im Freudentanz
trällern die Nachricht
von Schnabel zu Schnabel

Die Friedenstaube

An einem frühen Sonnentag,
als aller Wald in Ruhe lag,
erklomm ein Hörnchen, flink und flugs
den Pinienstamm ohne Gemux.

Es speiste von der Zapfenquelle,
zerbiss die feste Zapfenpelle.
Weit hallt das unverhohlne Schmatzen.
Dies hörte ein Anderes beim Kratzen!

Das war nicht recht, denn dieser Stamm
gehörte ihm, ein jedes Gramm!
Doch dem Besucher war dies gleich,
die Zapfenkron' war aller Reich.

Es räkelte zum Nachbarast,
der Zapfenwuchs wie eine Quast
dort prangte und mit viel Genuss
holte es aus zum Räuberschuss.

Da wackelte es im Geäst,
das Hörnchen krallte sich ganz fest
und fauchte jenen Räuber an,
damit er floh. Dem lag nichts dran!

Er sah voll Mitleid an das Hörnchen,
blies ins Gesicht ihm letztes Körnchen.
Das war zu viel, 'ne Kriegserklärung!
Der Kampf entbrannt um die Ernährung.

Das Hörnchen setzte an zum Sprung,
der Dieb war schneller, war noch jung.
So jagte ihn der alte Hase
durch das Geäst mit Spürhundnase.

Sie stießen schrille Schreie aus,
ununterbrochen, ohne Paus',
bis aufgewacht der ganze Wald
vom Kampf der beiden mit Gewalt.

Zur Pinie hin flog eine Taube
und flügelte 'ne Friedenshaube.
Da hielten ein die Kampfgenossen,
kauerten sich an Astes Sprossen.

Die Taube sprach: „Euch sei's gesagt,
wenn ihr nur einen Schrei noch wagt,
fliegt auf das ganze Vogelheer
und flügelt Wind wie Sturm am Meer.

Wir wirbeln auf und machen Dampf,
bis aufhört ihr mit eurem Kampf!
Es gibt genügend Pinienkronen,
die sich für jedes Hörnchen lohnen.

Reicht euch die Krallen, Frieden sei.
Im Wald sind alle Tiere frei!"
Da duckten beide ihre Köpfchen,
die Augen funkelten wie Knöpfchen.

Sie krallten sich zum Friedensgruß
und zogen ab auf leisem Fuß.
Der Taube Spruch zum Himmel schallt.
So ruht in Frieden nun der Wald!

Ruhestörung

Eine alte Haselnuss
machte mir dem Baseln Schluss
fortan regte sich im Baum
sie sich kaum

bald ein ausgehungert Hörnchen
suchte hoch im Baum ein Körnchen
rüttelte an Baumes Zweig
aus lauter Leid

dies geriet nun zum Verdruss
jener alten Haselnuss
denn sie hangelte am Baum
wie ein Flaum

als das Hörnchen sich ausstreckte
auf dem Zweig zur Nuss sich reckte
holte aus die Haselnuss
kurz zum Schuss

aus dem Köpfchen wuchs ein Horn
Hörnchen wurde rot vor Zorn
sprang mit einem Satz zur Nuss
dann war Schluss

Specht und Haselmaus

Ein Buntspecht hämmerte sehr spät
als ob mit Eil es dämmern tät!
Und als er ausgehämmert hatte,
erhaschte eine Maus die Latte,
die ihm vor lauter Eil entfiel.

Die Maus kam unverhofft zum Ziel.
Schon länger suchte sie ein Brett,
als Unterlage für ein Bett,
um sich darauf gut auszuruhn,
denn eine Maus hat viel zu tun!

Als sich der Specht so recht besann,
dass er das Brett doch brauchen kann,
gab jene Maus es nicht mehr her,
verhöhnte ihn mit Spott so sehr,
dass dieser an die Höhle flog
und Kleinzeug hackte, doch nur grob.

Es regnete von oben Brocken,
darüber sich die Maus erschrocken.
Sie huschte ab unters Gebüsch,
verscharrte sich im Blätterplüsch.
Und die Moral von der Geschicht:
Bauklötze klauben lohnt sich nicht!

Der geblendete Habicht

Ein Meislein piepte nur zum Scherz
himmelwärts
da kam ein Habicht angeschossen
tief entschlossen

schnell flog 'ne Friedenstaube
in Meisleins grüne Laube
sie spannte ihre Flügel
und wölbte einen Hügel
darauf die Sonn voll Wonn
dem Paar 'nen Spiegel sponn

der Habicht nun geblendet
vom Meislein ab sich wendet
zum Himmel er geflogen
da ihn die Sonn betrogen

ein Wölkchen ziepte nur zum Scherz
ihn am Sterz

Jagdzeit

Fürchte nicht den röhrenden Hirsch
betrittst du im Oktober den Wald
wenn ein Schuss durch die Lichtung schallt
sich dir nähert als grüne Gestalt
ein Jäger mit Hunden und lautem Geknirsch
zieh dich zurück in den Hinterhalt

Schattierungen

Ich liege unter Kiefern auf der Sonnenbank
du sagst, auf meiner Haut spiegeln sich
Schatten der Nadelzweige

ein Eichhörnchen schwingt sich
am herabhängenden Ast empor in die Höhe
knackt des Sommers Erträge

schlaftrunken wehrt sich der Baum
verändert meine Schattierungen
am Wurzelsaum

das Pelztier springt hoch
hangelt sich von Geäst zu Geäst
klettert noch hungrig am Stamm herab
und wühlt im Blätterrest

sieh nur, sagst du, was am Boden liegt
sträubt sich nicht

Wildwechsel

Ja die Wildsau war's
sie kam hinters Haus

überzeug dich
von deinen Vorräten
wenn es ans Fressen geht

Gnade verliert schnell
ihre Sprache
hast du genug zum Teilen

Schweineglück

Eine Bache aus Schwarzenholz
warf sechs Frischlinge überstolz.
Kaum dass sie alle aufgezogen
wollte die Jüngste ein Keiler holen.

Viel zu früh, dachte die Bache
und legte sich des Nachts auf die Wache.
Nichts geschah sechs Nächte lang,
kein Grunzen an ihre Ohren drang.

Da klagte laut das junge Schwein,
es wollte doch kein Frischling mehr sein.
Bald wurde auch das Muttertier schwach
und lies ihre Jüngste hinunter zum Bach.

Doch ach,
was quietschte da vergnügt aus dem Schlamm?
Der Keiler war mit 'nem Frischling zusamm'.
Da grunzte das Fräulein: „Glück gehabt,
dem Schwein wäre ich fast in die Falle getappt!"

Schlammbad

Ein Wildschwein wälzt sich vor Kimme und Korn
der Jäger pirscht hinterm Rittersporn
er hält die Flinte in seiner Hand
das Wildschwein suhlt sich im Pfuhl unverwandt
es sieht nicht den Lauf in der Sonne blitzen
und bleibt gemütlich im Schlammloch sitzen
und labt sich darin und kümmert sich nicht
Ei denkt sich der Jäger welch fettes Gericht
er legt das Gewehr an die Pollen fliegen
und bleiben auf seinem Nasenbein liegen
schon triefen die Augen im Fadenkreuz
und er muss schniefen hatschi schneuz schneuz
gestört vom Gepolter erhebt sich der Keiler
und sucht sich zum Baden 'nen anderen Weiler

Die Jagd

Auf steht auf
auf auf hinaus

hört Hörnerklang
Jagdgesang
der Tag bricht an und ruft

steigt der Tross
hoch zu Ross
die Jagdgewänder wehn

hört Hundgebell
wild im Ton
sie zerren an den Leinen

Umsonst

Die Kanalratte Tilo
verirrte sich im Futtersilo.
Sie fraß sich Wege durchs Getreide,
füllte ihre Eingeweide,
bis sie aufging wie ein Mops.

Den Ausgang fand die Tiloratte,
als sie sich durchgebissen hatte.
Voll Freude sie sich überschlug,
sich zum Kanaleingang hintrug,
wollt schleichen sich durchs Abflussrohr,
durchschreiten jenes Freiheitstor.

Doch hops, er blieb als Klops drin stecken.
Es half nicht ziehen, drücken, recken.
Am Ende er die Kraft verlor.
Er kam nicht mehr durchs Ausgangstor.
Wen Fressgier treibt wird zum Verhängnis
das Futterhaus als ein Gefängnis.

Das mutige Rehlein

Ein Reh mit sanften Augen
wollte als Scheue nicht taugen.
Mit ihren schlanken Hufen
erklomm sie rasch alle Stufen.

Als sie oben angekommen
war sie plötzlich ganz benommen:

Da stand der goldene Bock
mit großem Geweih und Gelock!
Er röhrte inbrünstig heftig und laut.
Die Rehe lugten aus jedem Kraut.

Er schickte sie an loszulaufen.
Die Katze im Sack wollt er nicht kaufen!
Im Nu war das scheue Feld weit versprengt.
Nur eines hatte die Hufe verrenkt.

Verirrt

Zierschritt der Rehe
im versengten Ginster
sonnenvergreist

ach zähle die Rotflecken
der Außenhaut
zu jung um zu irren

gib ihnen das Muttertier
zurück im Kiefernwald
bevor sie anderen
zum Opfer fallen

Herbstspende

Eichelzeit
Septemberlaute fachen dich an
Windhände
drehten den Ring
aufs fingrige Blatt

Rehe auf dem Sprung
dicht im Gebüsch
Gedräng der Ricken und Kitze

ach du mein Septemberlaut
kling mir vor Blätterrauschen
Rauschzeit Taugeschmack

all die Waldfrüchte die des Lorbeers
Tollkirschen Vogelbeeren auch
des Tals Röte in Sonnenfluten
trauen meinen Augen nicht

sie lichten mich ein
mit blauen Stunden
weißem Wolkengelock
Rosen spenden Hagebuttentee

Spätherbst im Saarbrücker Forst

Die gelben Blätter sind erstarrt,
der Sturmwind bläst auf kalten Harfen
durch das Geäst der Eichen. An scharfen
gezackten Blätterresten verharrt

der Nebeltau. Ein Pelztier scharrt
im Unterholz der Lärchen. Sie warfen
die Nadeln ab, bedecken Larven
und geben Schutz vor dem Start

der Winterzeit. Im feuchten Dunst
erspäht ein Habicht Haselmäuse,
auf Suche nach dem Schlafgehäuse.

Er stürzt hinab mit Jägers Kunst
und fliegt die Beute in den Horst
des Habitats Saarbrücker Forst.

Kreischende Krähen
schwärmen in Ackerfurchen
Sperber spähen aus

Herbstjagd

In den Gärten welken Gladiolen,
auf den Gräsern bebt der Spinnenzwirn,
auf den Feldern wüten laut die Dohlen,
wollten Würmer aus den Böden holen,
doch sie bieten jenen ihre Stirn.

Zwischen Strünken und den spitzen Stoppeln
tobt ein rauer Überlebenskampf.
In den Furchen Hasen ducken, hoppeln,
schlagen Haken, stürmen über Koppeln,
hinterlassen Staubfahnen und Dampf.

Unscheinbare werden zu Gejagten,
Anpassung ist weder Ruh noch Schutz.
Nahrungskampf macht alle zu Geplagten.
Überleben tun die Unverzagten,
Ränkespielen, Raubzügen zum Trutz.

Krähenschreie kreisen
Dunst trübt Morgenauges Blick
Wurmlöcher schließen

Wilderers Nachtlied

Ein Wanderer quält sich durch Kälte und Feld
ein Reh jagt gehetzt aus der Winterwelt
die Kitze folgen ihm auf dem Sprung
staksen durch Schnee dichte Nebelung

von fernher droht lautes Hundgebell
eine Wildkatze leckt sich ihr Winterfell
es schellt und klappert ein lautes Gebrüll
die Wilderer harren im Hochgestühl

da wendet der Wanderer seine Richtung
stockt seinen Lauf vor der Abschusslichtung
das Jagdgehetze verärgert gestoppt
die Meute um reichliche Beute gefoppt

das Wild flieht zurück in die Winterwelt
die Jagd ohne Fang wieder eingestellt

Auftrag der Farben

Krähen aufgeschreckt
Todesschwingen stürmisch hingefleckt
über gelb durchmengten Feldern

windgeköpftes Korn
schwarzblauer Wolkenzorn
hingewütet hingeschreckt

Auftrag der Farben
Leben in Strichen
hingestreckt

Novembernebel

Nebeldunst. Das Schattenprisma als rebellische Kunst
unter den Scheffel der Dämmrung gezogen.
Kältefahnen steigen auf zum Wendebogen,
ein feuchter Hauch aus Wolkes Inbrunst.

Krähenruf. Hexenvögel krakeelen den Groove
magischer Landschaft aus den Getränkelogen
der Beerenauslese. Ist ihr Champagner von den Dogen
der Lüfte getrunken, danken sie dem, der sie schuf.

Blätterfall. Hinter dem Milchglas röhrt der Hall
brunftiger Hirsche ins Schattengericht.
Der Platzhirsch den Kampf mit Rivalen ausficht,
Gehörne krachen und bersten vor dem Liebesfall.

Regenschauer. Das Schwarzwild suhlt sich mit Hauer
vergnügt im aufgeschwemmten Schlamm brauner Lachen.
Sie schnüffeln nach Trüffeln wie hinter rauschigen Bachen,
bis es aufhellt. Die Kälte wird flauer.

Ein Wunder

Versprungen im Köllerbach stand still ein Reh.
Kinder es fanden, zu ihm sprachen: „Geh".
Doch ragte ein Dorn aus der Hufe heraus.
Es konnte nur humpeln, kam nicht mehr nach Haus.

Sie haben's zum Doktor am Berg hingeschafft,
die Hufe verblutet, die Wundhaut weit klafft.
Der Doktor sprach: „Das wird 'ne läng're Geschicht',
da müsst ihr mir helfen, die Hufe ich richt'."

So kamen die Kinder nun Tag für Tag,
brachten Körbe voll Futter zum Reh ins Gelag
mit Hafer füllten sie artig die Krippe,
bis es zurück konnte zu seiner Sippe.

Am heiligen Abend geschah das Wunder,
das Reh lief ins nahe Gebüsch zum Holunder,
kam wieder heraus, sich der Pflege besann.
Den Kindern von den Augen eine Träne rann.

Das Reh nickte, sprang in den Wald still beglückt.
Den Kindern klopfte das Herz wie verrückt.
Der Doktor nahm sie in die Arme ganz sacht,
übersät mit Sternen war auf einmal die Nacht.

Winter in Köllerbach-Etzenhofen

Es klopft in ausgekühlter Aue,
die Saarbahn rattert, Strom gezogen.
Ein Steppenrind, noch steif verbogen,
im Wiesenfeld aufstapft die Klaue.
Es späht verstohlen hin zur Mutter,
sie möcht das Kälblein doch ernähren,
und ihm das allerliebste Futter
beim Saugen liebevoll gewähren.

Es dampft in ausgekühlter Aue,
im Unterstand türmt sich das Heu.
Wildenten schwimmen, paddeln scheu,
strampeln sich müd am Aufgestaue
im Bachlauf, denn eEin Steingehäufe,
im Herbst sich stetig aufgebaut,
reißt Löcher in die Wasserhaut
und teilt den Bach in zwei Verläufe.

Es steigt bei ausgekühlter Aue
aus Büschen unbekanntes Wimmern.
Aus undurchsicht'gem Nebelflimmern
huscht aus dem Unterholzgebaue
ein Tier, scharrt Steine in das Wasser.
Der Köllerbach zerspringt, fällt ab.
Die Ente stockt, sie sieht hinab
und flügelt auf, der Sog wird krasser.

Es hall'n vom harten Boden Schritte,
die einsam durch den Morgen wandern.
Strömungen wechseln und mäandern,
umgehen Steine, sperren die Mitte.
Und Raben kreisen über Köpfen,
kreischen am Kelterhaus und zetern,
das Zwielicht spielt mit Lichterzöpfen
und Feldmäuse werden zu Tätern.

Wintergeplänkel

Nebel triefen
über schneeweißen Laken,
Rehe schniefen,
Teiche und Bäche blaken
still in die Kälte, Eisgezeche,
Kristallgespinste.

Von eisernen Toren
schleift der Sturm den Rost.
Frost beißt in die Wangen der Barren,
die Fasern verloren
und unentwegt knarren,
ein Hirschkäfer grinste.

Zeternde Dohlen
wachen auf Gartenpfählen,
ein Johlen und Kreischen,
wenn vor den Wintergenerälen
abends Nesträuber heischen,
den Futterplatz umstellen.

Und aus den Schornsteinen der Alm
raucht Holzbrand trüben Qualm
in das Dunkel verworren,
während im Stall die Farren
die Mutterkühe strählen,
die im Heu stampfen,
wo sie drauf schliefen.

Frostiger Morgen am Köllerbach

Den kalten Frost verbreiten Winde,
und in den Auen klirren Halme,
beladen kämpft die karge Linde
mit dichter Schneelast hoher Walme.

Die Kälte in die Weide hauchen
die Teiche, Eisschicht überglänzt,
darin die Wasserbüffel tauchen,
das Gras von ihnen abgesenst.

Im Suhl lagern die Wiederkäuer,
als Glocken schlagen in die Kühle.
Im Bachlauf hinterm Burggemäuer
die Biber klatschen im Gewühle.

Verinselt sprengt der Köllerbach
sich über Steine und die Stämme,
die Enten ohne Ungemach
umschwimmen alle Inselkämme.

Und in der Kirche dampft das Wachs,
der Weihrauch schwelt schon in den Schiffen,
die Kelche göttlichen Gebacks
im Gottesdienst sind inbegriffen.

Die kleine Schar christlicher Beter
versinkt im Kampf mit harten Bänken
und draußen krähen Hahn-Trompeter
im Morgenfrost Nebelbedenken.

Kraniche fliegen, Kraniche fliegen,

Vogelzug

Im Flügelwind

Auf Sammelplätzen
Kuckucksrufe Zeisige
treffen sich wieder

Kreischende Krähen
schwärmen in Ackerfurchen
Sperber spähen aus

Kleinvögel huschen
in Hecken Vogeltruppen
im Winterquartier

Baumkronenlaute
Konferenz der Zugvögel
wirres Luftgespräch

Laute Flugschatten
Blassgänse schnattern am Turm
Grußworte im Wind

Kormoranenzug
Flügel schlagen Aufwind im
Herbst Kiebitze fliehn

Kraniche rauschen
Peterberg im Flügelwind
Flugrast gen Süden

Die Vogelmajestät

„Herr Adebar, Herr Adebar,
vor Ihrer Nase tanzt ein Star.
Er will mit Nachtigallen, Finken,
vom Siegertreppchen hüpfend winken."

„Herr Kuckuck, macht Euch keinen Kopf.
Zum Singen fehlt im doch der Kropf.
Zum Fliegen fehlt der Rückenwind.
Nie wird er so wie ich geschwind
als erster dieses Ziel erreichen.
Dem wahren Sieger wird er weichen."

„Herr Adebar, Herr Adebar,
zum Sturz die kleine Vogelschar
hat hier lange schon aufgerufen,
den Wind die vielen Flügel schufen."

„Herr Kuckuck, niemand weiß wie Ihr,
ein Star ist doch kein Königstier.
Es mangelt ihm an Orientierung.
Drum braucht er auch von allen Führung.
Doch wer schon führt, der will auch siegen
und sich im eignen Glanze wiegen."

„Herr Adebar, Herr Adebar,
vielleicht ist Ihnen noch nicht klar
von Dächern pfeifen es die Spatzen,
an Ihrem Thron will jeder kratzen."

„Ach was, Herr Kuckuck, dummes Zeug,
dass ich mich kleinen Vögeln beug.
Ein Storch sitzt immer auf dem Thron,
wie vor mir Generationen schon.
Wenn es auch jedem nicht gefällt,
wer fliegt wie ich, regiert die Welt!"

„Herr Adebar, Herr Adebar,
die Adler trafen sich sogar,
um sich mit allen zu verständigen,
der Aufstand ist nicht mehr zu bändigen!!"

„Zum Kuckuck, nun ist's aber gut!!!
Am End verlässt Ihn noch der Mut.
Flieg Er voran und richte mir
das Storchenführungshauptquartier."

Doch plötzlich zog mit viel Geschrei
das bunt gemischte Volk vorbei.
„Hurra", schrie es aus allen Kehlen,
„der Storch wird heut sein Ziel verfehlen.
Der Kuckuck hat ein Ei gelegt.
Doch er hat es hinweg gefegt.
Das weiß doch schließlich jedes Kind,
wer Flügel hat, den trägt der Wind."

Früher Federfall
von Wintervögeln beklagt
Sonnenentbehrung

Krähenschreie kreisen
Dunst trübt Morgenauges Blick
Wurmlöcher schließen

Eine Höhle scharrt
ein Dachs verschließt sie mit Grund
für den Winterschlaf

Vogelflug

Der Himmel verkleinert sich
schwarze Fäden
Vogelketten
Fluglinie ins Fremde

hinfort im wilden Aufschrei
entfallen einzelne Federn
Füllstoff der Leere

flaumweich
darin das Laub entgrünt
und Feuer wirft
der Sonne hinterher
die in weiter Ferne
sich die Haare bindet
zu einem Kranz
aus Astern

Weißstörche klappern
im Horst Aufbruch in Scharen
zum Afrikaflug

Winterfell bei Fuchs und Reh
scheucht die Vögel in die Höh.

Kraniche fliegen

Kraniche fliegen, Kraniche fliegen,
sie lassen die Sommerquartiere liegen;
plaudern am Himmel, rufen, trompeten,
die Route gezeichnet von inn'ren Magneten.

Kraniche fliegen, Kraniche fliegen,
die Flugkörper sich im Fahrtenwind wiegen,
ziehen in Formationen Strecken,
rasten auf Feldern, Mündungsbecken.

Kraniche fliegen, Kraniche fliegen,
sieh, wie sie sich durch Unwetter biegen,
durch Regen drängen, Sturm und Gebraus,
auf dem Weg ins Überwinterungszuhaus.

Kraniche fliegen, Kraniche fliegen,
im Flug sie sich aneinanderschmiegen,
segeln gemeinsam zur Sonne voran
durch Höhen und Tiefen, wie ein Mensch es nie kann.

Lautsprecher am Himmel
Zickzacklinien aus Federn
Fernweh denkt der Regenwurm

Singdrosseln zwitschern
lärmen über Astgabeln
Flugreisewege

Steinstraßenzeit

Herbst wildert
wieder im Geäst.
Buntblättrig die Beute
des letzten Sommers.

Kletterpflanzen halten noch
an Lärmschutzwänden.
Hier und da ein Blick
auf bepflanzte Kohlehalden.

Auto um Auto der Baumfall
und der Aufstand der Feldmäuse
gegen die Steinstraßenzeit.

Vögel versammeln sich.
Schweigen ist ihre
Hinterlassenschaft.
Wintergäste bleiben.

Manchmal verirren
sich Menschen auch.

Küstenseeschwalben
jagen im Watt im Tiefflug
vor dem Winterzug

Nordwind

Schon spuckt die Nebelkehle
kalte Töne ins Land
trompetet die Schwanengans
dem Steinkauz entgegen

Tore fallen ins Schloss
in den Zinnen gefriert der Schnee

die Zacken der Forke im Frost
Eisenlieder blechern im Rost
über den Boden
an dem der Nordwind zaust

Flugscheinausgabe
am Herbstbahnhof Zugvögel
warten in Schlangen

Weißstörche klappern
im Horst Aufbruch in Scharen
zum Afrikaflug

Zaungast

Laue Luft windet Lianen um Bäume
an Strähnen die wie Peitschen
Schneisen schlagen
schnitt ich mir einst die Haut ein

als Pilgerin
suchte ich grünende Ölzweige
wandelte im leeren Gebüsch
nun brennt der Herbst die Farben aus
spinnt mir ein Blätterkleid
aus dem Morast der Jahre

sei mir Genoss
ruft ein Rotkehlchen
und hofft auf einen Zaungast

Schwanengesang

Kupferwurf der Sonne
Schattenfall
auf regenrostigem Untergrund

Rotlicht
im braunen Harsch
zublättert
ehe Winterschläfer
das Unterholz besiedeln

all meine Schwäne
wildern über die Hügel
fliegen auf weißen Flügeln
den Glast aus
den das Dämmern übrig ließ

Kommt der Winter ange-schossen,

Überwinterung

Vogelrettung

Kommt der Winter angeschossen,
nachts im klaren Sternenschein,
geht der Frost auf Eises Sprossen,
hüllt das Land mit Kälte ein.

Vögelchen nicht fliegen wollte,
schlittert dort auf blanken Sohlen,
Krallen kratzen, Vöglein grollte,
lauthals fing es an zu johlen.

Hüpft die Ent' aufs glatte Eis,
schlurft zum Vögelein hinüber,
hilflos saß es auf dem Steiß,
Ente wähnte sich wohl klüger,

bauscht die Federn auf zum Segel,
schwingt sie, wirbelt Fahrtenwind,
fliegt und schiebt sich wie ein Kegel
und packt schnell das Vogelkind.

Beide ziehen sie an Land,
Vöglein springt und fällt ins Gras,
Ente schnattert unverwandt,
Rettung wie nach Entenmaß.

Vöglein wiederfand die Sprache,
trällert froh ein Dankeslied.
Ob verband die Ehrensache
weiter sie, niemand verriet.

Winterkälte

Sturmmöwen kreischen unverhofft
über der Saar sammeln sich auf Eisschollen
die aus dem Wasser schroff nach oben ragen
den Lauf des Flusses wie an einem Kragen packen
auf dem im offenen Gefeucht Stockenten
treiben als ein winterlich Geleucht

ein Silberreiher wagt es den Hals zu recken
dass der Schnabel aufrecht steht wie die Zeiger
der Uhr die im Becken der klirrenden Wintermontur
verharren um Lachmöwen die Zeit zu ahnen
die eine hohe Sonne zeigt als würde sie
jene zum Mittagsschlaf ermahnen

und schwarze Vögel stehn wie Pinguine
auf dem Schmelz wie auf einer Sonnenbank
als sei der Fluss eine Ruine die der Sommer
der Eiszeit hinterließ die genügt für alle
die sich vergnügt darauf tummeln

und freuen wie die Kinder die auf Eisbahnen
balancieren während Eltern in der sibirischen Kälte
im Pelz über die Bismarckbrücke promenieren
auf der Väterchen Frost grimmig ächzt und krächzt
bevor die Gäste sich am frühen Abend verlieren

Die Tannenmeise

Die Tannenmeise hat es schwer,
die Tann' ist nur im Frühjahr leer.
Im Sommer spitzen sich die Nadeln;
wem's gleich ist, wunde Federn tadeln.
Im Herbst wird's eng im Ästeland,
zu viele Zapfen im Bestand.

Im Winter macht der Schnee sie glatt.
Drum will die Meise jetzt Rabatt
für die Gesellschaft in den Zweigen.
Will sich's die Tanne nicht verleiden,
zahlt sie mit glänzendem Kristall.
Das mögen Tannenmeisen all.

Winterquartier

Die Saar ist eingefroren die Feder die dem Vogel
vom Frost entrissen im Schmelz geeist
flattert als Fahne für alle die von weit gereist
sich niederlassen für die Rast am Strom

der karge Winter gaukelt Quartiere
darin Silberreiher auf Stelzen Flügel schwingen
die sich im Niederringen der Glätte heftig bauschen

wer kann dem Klang des Federkleides lauschen
wenn Schneekristalle wie von Sinnen
im Fallen eines Sturms zur Erde rauschen

Saarbrücken 12.02.2012

Winterwege

Im Zentrum wandern frostgeschützt im Nerz
die Gäste unbekümmert auf geräumten Wegen,
flanieren um den Teich auf schmalen Stegen,
als wäre Kälte ein Dezemberscherz.

Die Enten ihn beschnattern Terz für Terz,
wie Windgesänge, die in Tannen fegen
nach Schneegestöber. In den Wildgehegen
die Tiere Nahrung wittern. Ein Futterherz

am Kreuz der Hütte baumelt. Von harschen Tritten
gestört verlassen sie die Lichtung. Mitten
im Schneeplüsch ziehen Pferde eine Kutsche.

In Decken eingepackte Passagiere
durchrattern holpernd Rotwilds Waldreviere.
Dem Wagen wird das glatte Eis zur Rutsche.

Schneefall

Verschneite Pfade
Schneematten auf den Feldern
Laufspur der Rehe

Schneeweißgestöber
Wildwechsel an der Krippe
Vogelzitterspiel

Kälteschockstarre
Eisüberflutung auf See
Fische im Glashaus

Kältegipfel

Die Botschaft gefrorener Klippen:
hier sprang ein Steinbock in den Tod.
In raue Eisflächenrippen
hämmert die Kälte das Aufgebot
des Winters. Wo Schneebretter
wie Schürzen den Fels überragen,
regt sich kein Laut.
Die gähnenden Gipfel vertagen
das Licht, hier wird kein Haus gebaut.

Und aus den Höhen wallen Flocken,
verhärten im ewigen Eis.
Die dunkle Zeit kam ins Stocken,
hält an den Erdenkreis.

Wenn viele Monde gegangen
im niederen Sonnenlauf,
von den Hängen mit rosigen Wangen
ein Kälbchen wandert bergauf.

Winterjagd

Ein Karibu rennt der Herde nach
läuft pausenlos durch Schneewälder
den Wölfen davon

spann die Hunde vor den Schlitten
sie wittern die Spur
der Jagenden

Winterfischen

Zeit des Eises
wenn erfrorene Stimmen
im Wasser treiben
uns überstürzt
die silbrige Haut des Nebels

bewegungslos die Fische
eingegraben in den Sand des Sees
Ungeduldige stoßen ihr Maul
gegen die Glaswand

Eisfischer haben ein Loch geschlagen
Luft zischt wie ein Geysir
reißt Mützen von den Ohren

die Beute zerrt
an der Winterangel
mit der Hoffnung
auf Freilassung

Polarlicht

Eiskammern des Winterschlosses
wir frieren in den Räumen der Kalthäusigkeit

Elchkühe durchforsten silbrige Frostwälder
in sich tragend die natürliche Vermehrung

selbst Wölfe hungern in der Tundra
ein Rudel legt die Blutspur
verbeißt sich verzweifelt im Schnee

das Heulen der Dunkelheit
schwächt die Sinne

Polarlicht blitzt hellt
für einen kurzen Moment
ein Lichtschweif
der einen Bogen zieht

hör nur
ein Kind weint
im Schoß der Mutter

Winterherde

Erfroren fällt Laub auf die Erde,
verloren überm Wurzelsaum.
Die Tiere wandern in der Herde,
naturgebeugt, ohne Beschwerde,
zum Rastplatz wird ein Tannenbaum.

Doch mitten in den weißen Welten
erschallt ein Röhren wie ein Schrei.
Zwei Hirsche sich entgegen stellten,
Geweihe ineinander schellten,
verwundet geben sie sich frei.

Die Herde weiterzieht nach Norden
durch Täler, Wälder, übern Berg.
Frostig und still ist es geworden,
die Wölfe lauern auf zum Morden,
die Hungerzeit vollbringt ihr Werk.

Nicht alle übersteh'n den Winter,
auch wenn die Horde sie beschützt,
den Lahmen und den schnellen Sprinter,
irgendwann bleibt einer dahinter,
ihm hat die Herde nichts genützt.

Und kommt die Zeit der milden Winde,
verwehen Spuren übers Land,
dass Eis und Schnee bald wieder schwinde
die Säfte steigen in die Rinde,
ein Kälbchen seine Mutter fand.

Nachwort

Ausgang

Ein Kakadu küsste ein Känguru
ein Floh verfing sich im Ohr einer Kuh
ein Hund jagte hinter der Haselmaus
im Bärenfell labte sich eine Laus

wem dies nicht genug soll selber dichten
sein Augenmerk auf die Füße richten
die Verse laufen dann von allein
wer möchte da nicht gern Dichter sein

Inhaltsverzeichnis

Bücherliste

Vermisstenanzeige. Gewidmet den ermordeten Juden des Naziregimes. Lyrik und Prosa. Vera Hewener. Libri BoD. Norderstedt 2000. ISBN 3-8311-0748-3. 2. erw. Auflage 2014. ISBN 978-3831107483.

Lichtflut. Reisenotizen. Lyrik und Prosa. Vera Hewener. Edition Calamus. Norderstedt 2001. ISBN 3-8311-1493-5. 2. erw. Auflage 2014. ISBN 987-3831114931.

Eine Neigung aus Blau. Gegenwartslyrik. Vera Hewener. Norderstedt 2002. ISBN 3.8311-3334-4. 2. Auflage 2014. ISBN 9783831133345

Bist Himmel mir und tausend Feuerfunken. Gedichte. Vera Hewener. Mauer Verlag. Rottenburg a/N. 2003. ISBN 3-937008-46-2.

Verwirbelungen der Zeit. Vera Hewener. Lyrik mit Bildern von Carolin Isele. WiKu Éditions Paris E.U.R.L. Paris und WiKu Verlag KG Berlin 2005. ISBN 3-86553-203-9.

Es kommen andere Ewigkeiten. Gedichte. Vera Hewener. WiKu Édition Paris ISBN 2-84976-0188 WiKu Verlag 2007. ISBN 978-3-86553-189-6.

Himmelsstürme. Vera Hewener. Gedichte mit Fotografien. edition Wort Verlag Bitburg 2010. ISBN 978-3-936554-00-3.

Das Jahr: Dichtung in vier Sätzen. Vera Hewener. Gedichte mit Fotografien. BoD Books on Demand Norderstedt 2013. ISBN 978-3-7322-3168-3.

Zaubervolle Winterwelt. Gedichte, Geschichten, Notizen. Vera Hewener. Verlag BoD Books on Demand. Norderstedt 2014. ISBN 9783735761262.

Frühlingsserenade. Die schönsten Gedichte, Geschichten und Notizen zur Frühlingszeit. Vera Hewener. Verlag BoD Books on Demand. Norderstedt 2015. ISBN 978-37347-3140-2.

Die Blüte des Sommers. Sommeranthologie. Die schönsten Gedichte, Geschichten und Kalendernotizen. Vera Hewener. Verlag BoD Books on Demand. Norderstedt 2015. ISBN 978-3-7347-89540.

In der Saar schwimmen keine Krokodile. Gegenwartslyrik & Texte. Vera Hewener. Verlag BoD Books on Demand. Norderstedt 2015. ISBN 9783738635676

Von Lorraine nach Aquitaine. Reisenotizen in Lyrik und Prosa. Vera Hewener. Verlag BoD Books on Demand. Norderstedt 2016. ISBN 9783741210860.

Du trocknest meine Tränen wieder. Religiöse Lyrik & Texte. Vera Hewener. Verlag BoD Books on Demand. Norderstedt 2016. ISBN 9783743113589.

Zaubervolle Jahreszeiten. Der Frühling. Vera Hewener. Verlag BoD Books on Demand. Norderstedt 2017. ISBN 9783743125117.

Aus meinem Federkiel. Magische Momente. Natur & Seele. Gedichte. Vera Hewener. Verlag BoD Books on Demand. Norderstedt 2017. ISBN 9783744870511.

Zaubervolle Jahreszeiten. Der Sommer. Vera Hewener. Verlag BoD Books on Demand. Norderstedt 2017. ISBN 9783744870993.

„Kerzen, Wunder, Himmels-Zunder". Vera Hewener. Lustige und besinnliche Geschichten und Gedichte zur Advents- und Weihnachtszeit. Verlag BOD Books on Demand. Norderstedt 2017. ISBN 9783744893824. 2. Ausgabe 2019. ISBN 9783738629682.

Die Jahreszeiten: Auslese. Gedichte. Vera Hewener. Verlag BOD Books on Demand. Norderstedt 2018. ISBN 9783738636017

Werkausgabe Band I. Frühe Gedichte 1970-1999. Verlag BOD Books on Demand. Norderstedt 2018. ISBN-13: 9783746025292

Kinder, Hund, Familienbund. Lustiges, Tierisches und Allzumenschliches in Lyrik und Prosa. Vera Hewener. Verlag BOD Books on Demand. Norderstedt 2018. ISBN 9783746056821

Zaubervolle Jahreszeiten. Der Herbst. Vera Hewener. Verlag BoD Books on Demand. Norderstedt 2018. ISBN 9783752842135

Christnacht, Glocken, Engelslocken. Gedichte und Geschichten zur Weihnacht. Vera Hewener. Verlag BoD Books on Demand. Norderstedt 2018. ISBN 9783748107637. 2. Ausgabe 2019. ISBN 9783741251641

In der Saar feiern die Fische. Gegenwartslyrik & Szenen. Vera Hewener. Verlag BoD Books on Demand. Norderstedt 2019. ISBN 9783732237142. 2. Auflage 2020. ISBN 9783752810080

Von Brandasund bis Nasholim. Reisegedichte, lyrische Ausflüge, Geschichten und Notizen. Vera Hewener. Verlag BoD Books on Demand. Norderstedt 2019. ISBN 9783732235841.

Tannen, Lobgesang, Weihnachtsklang. Gedichte, Geschichten, Liedtexte und Bühnenstücke zur Advents- und Weihnachtszeit. Vera Hewener. Verlag BoD Books on Demand. Norderstedt 2019. ISBN 9783750400030.

In der Saar tanzen die Schwäne. Gedichte, Geschichten & Szenen. Vera Hewener. Verlag BoD Books on Demand. Norderstedt 2020. ISBN 9783751921060.

Zaubervolle Weihnachtswelt. Geschichten, Gedichte, Stücke & Notizen zur Advents- und Weihnachtszeit. Vera Hewener. Verlag BoD Books on Demand. Norderstedt 2020. ISBN 9783752606409.

Weihnachtsklang, Lobgesang. Deutsche Gedichte und Nachdichtungen internationaler Weihnachtslieder, Gospels, Spirituals und deutsche Weihnachtslieder in moselfränkischer Mundart. Vera Hewener. Verlag BoD Books on Demand. Norderstedt 2020. ISBN 9783752606393.

Sodom und Camorra. Kurze Bühnenstücke für viele Gelegenheiten. Vera Hewener. Verlag BoD Books on Demand. Norderstedt 2020. ISBN 9783752606386

Oh Frühling, komm! Natur, Stadt & Land. Die schönsten Frühlingsgedichte. Vera Hewener. Verlag BoD Books on Demand. Norderstedt 2021. ISBN 9783753439594

Oh Sommer, leuchte. Natur, Stadt & Land. Die schönsten Sommergedichte. Vera Hewener. Verlag BoD Books on Demand. Norderstedt 2021. ISBN 9783753421414

Oh Herbst, wandle!. Natur, Stadt & Land. Die schönsten Herbstgedichte. Vera Hewener. Verlag BoD Books on Demand. Norderstedt 2021. ISBN 9783754320655

Oh Winter, schneie! Natur, Stadt & Land. Die schönsten Wintergedichte. Vera Hewener. Verlag BoD Books on Demand. Norderstedt 2021. ISBN 9783754347034

Das kleine Tännlein. Die schönsten Weihnachtgeschichten. Vera Hewener. Verlag BoD Books on Demand. Norderstedt 2021. ISBN 9783755701705.

Denn die Zeit ist des Ewigen Aufgang. Zeitgedichte von der Morgenröte bis zur Abendstunde. Vera Hewener. Verlag BoD Books on Demand. Norderstedt 2022. ISBN 9783755738756

Denn die Nacht ist der Spiegel der Sterne. Abend- und Nachtgedichte. Vera Hewener. Verlag BoD Books on Demand. Norderstedt 2022. ISBN 9783755730125